Economie et développement

L'INNOVATION ET CROISSANCE DANS LES PAYS EN DEVELOPPEMENT

TABLE DES MATIERES

INTRODUCTION GENERALE

La compétition économique est aujourd'hui une bataille de la création et d'invention. L'insertion dans la compétition internationale reposera de plus en plus sur la capacité d'innovation et de recherche, et encore et surtout sur la qualité de l'éducation et de la formation. On accorde à ces facteurs une grande importance, vue qu'ils constituent des déterminants pour la croissance à long terme. L'innovation n'est pas une succession de phases isolées, mais une interaction permanente entre les possibilités offertes par la technologie ou le marché, les moyens privés et publics mis en oeuvre et les stratégies d'acteurs. De cette interaction dépend la performance collective en matière d'innovation. Les enquêtes montrent que la principale source d'innovation est la recherche interne à l'entreprise. Mais les sources externes, telles que les relations avec les fournisseurs de composants et d'équipements et avec les clients, ainsi que les réunions professionnelles jouent également un rôle important.

Le fait que le rendement social de la recherche et de l'innovation soit supérieur à son rendement privé justifie les politiques d'encouragement à la recherche et à l'innovation.

Il faut noter que ces dernières années, les politiques publiques en matière de recherche se sont renforcées, alors même que les États se désengangeaient de nombreux autres domaines d'intervention : le cas de privatisation par exemple. La politique économique agira surtout sur la formation de capital régulière et soutenue, législation sur les brevets, amélioration de la qualité des liens entre recherche publique et firmes privées, renforcement des capacités des chercheurs et des ingénieurs, environnement économique et social favorisant l'adaptabilité des firmes.

Les institutions et les formes d'interventions publiques qui avaient permis les succès scientifiques, technologiques et économiques des pays développés tels que les États-Unis, le Japon, et les autres pays européens doivent être adaptées aux caractéristiques et structures en matière de recherche et développement dans les pays en développement.

Il faut souligner qu'un pays en meilleure situation en recherche ne l'est forcément pas en innovation. On mesure celle-ci par le poids du financement public et privé de la recherche, et par la concentration des interventions sur quelques secteurs, le domaine agricole par exemple. C'est ce constat qu'on rencontre généralement dans les pays en développement et surtout en Afrique. Au contraire, l'un des traits caractéristiques du « miracle américain » est la diffusion de l'innovation à l'ensemble de l'économie, y compris les services.

Par rapport à l'innovation technologique, les pays en développement ne peuvent pas s'échapper, car la politique économique de ces pays dépend en grande partie aux efforts apportés par la recherche et le développement. Actuellement les PED sont encore à la traine, et on est invité à poser la question comme quoi la faiblesse en matière d'innovation et de technologie constitue-t-elle un facteur de blocage économique pour ces pays en voie de développement ?

A la lumière de ces analyses, notre présente étude va aborder dans une première partie l'analyse théorique de l'innovation ainsi que l'innovation dans l'économie des pays en développement. On évoquera en deuxième partie les structures, les caractéristiques et les politiques économiques de ces pays en matière d'innovation.

PARTIE I : ANALYSE
THEORIQUE DE L'INNOVATION

CHAPITRE 1- QU'APPELLE-T-ON INNOVATION ?

Section 1 : Généralités

1- Définitions générales de l'innovation

Les économistes qui, tout au long des années soixante-dix et quatre-vingt, s'étaient beaucoup intéressés au réglage de la politique conjoncturelle, à la théorie des cycles et au fonctionnement des marchés du travail. Ils se préoccupent plus dans les années quatre-vingt-dix des ressorts et des déterminants de la croissance. Les théories du progrès technique endogène sont venues relancer les débats de politique économique, et ont alimenté un regain d'intérêt pour les recherches en économie appliquée portant sur l'innovation. Les résultats obtenus sont susceptibles d'éclairer les décisions en matière d'éducation de recherche et d'innovation.

Le champ d'étude de l'innovation est immense, on a donc délibérément fait le choix de privilégier les approches économiques et sociales de l'innovation, car elles correspondent à l'éclairage qu'on souhaite apporter aux présents travaux de mémoire. D'une manière générale, nous empruntons la définition de l'Organisation de Coopération et de Développement Economique (OCDE) qui entend « l'innovation technologique de produit comme la mise au point, la commercialisation d'un produit plus performant dans le but de fournir au consommateur des services objectivement nouveaux ou améliorés. Par innovation technologique de procédé, on entend la mise au point, adoption de méthodes de production ou de distribution nouvelles ou notablement améliorées. Elle peut faire intervenir des changements affectant – séparément ou simultanément – les matériels, les ressources humaines ou les méthodes de travail ».

L'innovation ainsi définie, se rapporte à l'invention et l'invention se rapporte à son tour au progrès technique. Ce dernier revêt une double dimension, son étymologie fait valoir l'action d'avancée tant sur le plan quantitatif que sur le plan qualitatif. En se développant, la société évolue vers "le mieux" grâce aux progrès techniques, de la science, à l'accroissement des richesses, à l'amélioration des moeurs, des institutions, fruits du progrès de l'esprit humain .

En effet, Walter Rostow en 1956 avance l'idée que les pays doivent passer par une série de cinq étapes avant d'atteindre le stade de développement et de la croissance économique.

• La première étape est celle de la société traditionnelle agricole et où le progrès technique est nul.

• Dans la seconde étape, les conditions préalables au changement se mettent en place, il y a dans ce cas le développement des échanges commerciaux.

• La troisième étape concerne la phase de décollage. Dans cette phase, les épargnes des agents ainsi que les investissements jouent un grand rôle et l'on passe à une croissance auto-entretenue. Outre cela, la phase de décollage stipule une grande intervention étatique pour stimuler la coordination des activités économiques (par exemple la construction des infrastructures).

• La maturité technologique est mise dans la quatrième étape. Les techniques modernes se généralisent à toutes les activités économiques contribuant à la diversification de la production.

• Enfin, la cinquième étape qui est la consommation de masse avec l'accession de la classe moyenne à la consommation intensive de biens durables.

Le progrès économique s'inscrit dans cette approche, où se conjuguent accroissement quantitatif des richesses et meilleure efficacité d'utilisation des ressources. Le progrès technique permet d'augmenter l'efficacité des facteurs de production, soit par un accroissement de leur productivité, soit par la réalisation de grande performance économique. Ainsi, il est possible d'économiser des matières premières, de l'énergie ou d'utiliser moins d'hommes, économiser de la main d'oeuvre ou d'économiser des machines, du capital ou d'accroître l'efficacité productive des facteurs travail et capital. C'est ce qu'on appelle une économie d'échelle.

Au cours de plusieurs années, les études en économies ne cessent de s'enrichir, allant jusqu'à se combiner au mode faisant intervenir les hautes technologies issues de l'invention.

2- L'innovation, l'invention dans le processus économique

Mais l'invention, la découverte, la création d'un produit doit alors s'inscrire dans un processus d'innovation. Cette innovation s'inscrit dans un système économique et social où elle s'impose grâce à un processus de diffusion. Ainsi la transformation de l'invention en innovation, obéit à un certain nombre de conditions et le succès de l'innovation dépend de sa capacité de diffusion économique et sociale.

Nous essayerons ainsi d'ajouter que les deux raisons économiques de l'innovation est, dans un premier temps, de combler un vide dans l'offre des « valeurs d'usages » (un besoin spécifique n'est pas satisfait), ensuite, de développer une offre commerciale plus compétitive. Mais soulignons que ces deux raisons ne coïncident pas forcément, dans la mesure où l'innovation permettant de satisfaire un besoin spécifique n'est pas obligatoirement rentable et aussi de nombreuses innovations commerciales ne comblent pas véritablement un vide. L'innovation permet donc la maîtrise de la technologie, et une technologie allie le savoir–faire, avec l'utilisation de matériels ou d'équipements, pour générer un bien ou un service utile aux populations. Etant ainsi l'application de connaissances pour résoudre des problèmes pratiques de la société (par exemple dans les secteurs de l'alimentation, de l'énergie, de l'habitat, de la défense, de la santé, du transport, des télécommunications, etc…), elle a forcément un cycle de vie, allant de pair avec l'évolution des connaissances, surtout scientifiques et technologiques.

Comme l'indique la figure 1 suivante, ce cycle commence à partir d'une idée, correspondant à son incubation. Suivent ensuite les phases d'introduction, de croissance, de maturité et de déclin, conduisant à l'obsolescence et à l'abandon.

Ces définitions générales posées, nous allons approfondir les concepts de l'innovation.

i- Les différents types d'innovation

Pour Schumpeter, le progrès technique est l'ensemble des innovations qui entraînent une transformation ou un bouleversement des moyens et méthodes de production, de l'organisation du travail, des produits et des marchés, des structures de l'économie.

L'innovation désigne l'exploitation économique d'une invention. Elle traduit l'état du progrès technique dans la société. L'innovation est donc au cœur du processus de croissance.

Schumpeter distingue cinq types d'innovations :

- des produits nouveaux,
- des nouveaux procédés,
- des nouveaux marchés,
- des sources de matières premières nouvelles,
- et des nouveaux changements dans l'organisation des firmes.

On distingue aussi l'innovation radicale qui est très importante comme l'informatique et l'innovation incrémentale qui qualifie l'amélioration d'un produit déjà existant, comme le téléphone portable.

Innovation de procéd et innovation de produit

L'innovation de procédé est associée à l'adoption de méthodes de production nouvelles ou sensiblement améliorées. Ces méthodes peuvent impliquer des modifications portant sur l'équipement ou l'organisation de la production. Elles peuvent viser à produire des produits nouveaux ou améliorés, impossibles à obtenir à l'aide des installations ou des méthodes classiques, ou bien à augmenter le rendement dans la production de produits existants. Elles peuvent enfin conférer davantage de souplesse à la production, abaisser les coûts ou bien encore limiter les déchets, les atteintes à l'environnement, les coûts de conception des produits ou améliorer les conditions du travail.

Innovation radicale et innovation incrémentale

On distingue habituellement deux grandes formes de l'innovation de produit. D'une part, la conception de produits très largement nouveaux. On parle alors d'innovation radicale de produit (et pour les principales d'entre elles de « percées nouvelles »). D'autre part, l'amélioration des performances de produits existants, on parle alors d'innovation progressive de produit ou d'innovation incrémentale. Il y a innovation radicale de produit dans le cas d'un produit dont l'utilisation prévue, les caractéristiques de performance, les attributs, les propriétés de conception ou l'utilisation de matériaux et de composants présentent des différences significatives par rapport aux produits antérieurs. De telles innovations peuvent faire intervenir des technologies radicalement nouvelles ou bien reposer sur l'association de technologies existantes dans des applications complètement nouvelles.

Innovation progressive
Il y a innovation progressive de produit dans le cas où un produit existant voit ses performances sensiblement augmentées ou améliorées. L'innovation progressive peut elle-même prendre deux formes. Un produit simple peut être amélioré (par amélioration des performances ou abaissement du coût) grâce à l'utilisation de composants ou de matériaux plus performants. Un produit

complexe, qui comprend plusieurs sous-systèmes techniques intégrés, peut être amélioré au moyen de modifications partielles apportées à l'un des sous-systèmes. Le remplacement du métal par des matières plastiques dans le mobilier de cuisine ou dans la fabrication automobile est un exemple de la première forme d'innovation.

Le caractère radical ou progressif de l'innovation n'est pas nécessairement lié à l'ampleur ou la nature des conséquences qui peuvent en résulter pour l'entreprise.

Innovation sociale ou inclusive

C'est une forme d'innovation qui s'associe dans un environnement entrepreunarial, social, écologique, économique et peut être même humain. Elle est donc appréciée selon sa fonction et son impact sur son environnement. Elle apporte de la concurrence, d'innovation sociale, qui amène un bénéfice socialement et collectivement avantageux. Ainsi, on en tire du bien être social.

Innovation de rupture

Développé par Clayton Christensen , ce concept entend par une innovation de rupture une technologie qui ne répond pas aux besoins du marché dû, par exemple, à l'obsolescence, à son manque de performance qui suscite son caractère de « bas de gamme ». On l'appelle aussi une innovation dormante.

Innovation de nature particulière
Ce type d'innovation introduit les technologies génériques qui sont des innovations diffusant leurs effets sur un grand nombre de secteurs économiques, par exemple l'informatique.
Un élément important permettant à l'aboutissement pratique de toute innovation est la recherche scientifique, que ce soit appliquée ou théorique.

3- Innovation et recheche
L'innovation est un concept large, qui dépasse les aspects strictement techniques et recouvre le changement organisationnel, commercial, voire financier.
L'innovation n'est pas la recherche. La différence entre la recherche et l'innovation commence à être reconnue et admise dans

l'analyse économique. Il en résulte un changement de vision sur le processus d'innovation dans le système économique. L'activité de recherche et/ou de développement expérimental (souvent résumée par les initiales R&D) ont longtemps été considérés comme le déterminant premier du développement économique. L'innovation technologique émane généralement d'un acquis ou résultat de recherche, partant d'un repérage d'un besoin global ou spécifique du marché.

La diffusion de la connaissance a connu un essor sans précédent, et ce, jusqu'à l'application de celle-ci dans les théories économiques, grâce aux effets d'entraînement et d'apprentissage.

4-Innovation et connaissance
L'innovation est basée sur la connaissance, et la connaissance a toujours tenu un rôle important dans le processus de croissance et de développement comme le montre le graphique suivant (comparaison entre la Corée du Sud et le Ghana)

Les innovations aboutissent à des connaissances nouvelles, qui, aboutissent à leur tour l'obtention d'autres procédés et produits. Pour l'essentiel, l'innovation devient endogène au sens où les entreprises évaluent la rentabilité attendue de l'innovation par rapport à une production traditionnelle et arbitrent entre, d'une part, l'embauche d'opérateurs chargés de la production courante, d'autre part, celle de scientifiques et d'ingénieurs afin qu'ils élaborent de nouveaux procédés et/ou de nouveaux produits. Ce choix, opéré au sein des firmes, dépend entre autres facteurs du taux d'intérêt, de la plus ou moins grande probabilité d'obtention d'innovations et de la taille de la population, et donc du marché potentiel.

5- Les firmes et l'innovation
Une firme avec des activités innovantes est une entreprise qui exerce des activités d'innovation pendant une période considérée, y compris les firmes avec des innovations en cours de développement et des innovations avortées. Autrement dit, les firmes ayant exercées des activités d'innovation pendant la période étudiée sont considérées comme

«entreprises avec des activités innovantes »,
que l'activité ait ou non débouché sur la mise
en oeuvre d'une innovation.

Les firmes potentiellement innovantes sont un
sous-ensemble des firmes avec des activités
innovantes, à savoir des entreprises qui ont
fait des efforts d'innovation (c'est-à-dire, ont
mené des activités d'innovation), mais n'ont
pas obtenu de résultats (innovation) pendant la
période étudiée.

Enfin, des théories de la croissance endogène
ont montré la multitude des canaux à travers
lesquels se manifestent les externalités qui
permettent la croissance. Si à la base on trouve
l'hypothèse centrale d'un rendement constant
d'au moins un facteur accumulable (Guellec
et Ralle, 1995), cette hypothèse peut se
décliner selon diverses modalités. Certains
invoquent le rôle du capital productif comme
porteur des externalités technologiques (De
Long et Summer, 1992), d'autres, celles
propres à l'avancée des connaissances
(Romer, 1996), ou encore les effets de
localisation des grappes d'innovation ou des
rendements d'échelle croissants (Krugman,
1992). D'autres auteurs encore privilégient le
rôle de l'amélioration de la qualité dans le

maintien d'une rente oligopolistique (Grossman et Helpman 1991) ou encore impact des infrastructures publiques (transports, éducation, recherche, télécommunication, droit de la propriété intellectuelle, qualité et profondeur des marchés financiers, ...) (Aschauer, 1989). La liste ne serait pas complète si l'on n'ajoute pas le rôle de la formation dans le capital humain (Lucas, 1988), ou encore les effets d'expérience par la production (Lucas, 1993) ainsi que la recherche et développement, dont les expériences passées ont démontré leur indéniable contribution ; et ce, évoquée dans la section suivante.

6- Importance de la Recherche et Développement (R & D) dans l'économie
Au cours des années quatre-vingt, la vision des relations entre la technologie et l'économie et la conception de la place de l'innovation technologique dans le système économique se sont élargies et modifiées. Les modèles dits « interactifs » ont remplacé le modèle précédent dit « modèle linéaire », afin de mettre l'accent sur le rôle de la conception industrielle et sur les relations entre les phases

aval (liées au marché) et les phases amont (liées à la technologie) de l'innovation, ainsi que sur les nombreuses interactions entre la science, la technologie et les activités industrielles et commerciales du processus d'innovation.

Dans le modèle traditionnel, l'innovation était conçue comme un processus linéaire. Au départ se trouve la recherche. De la recherche naît l'invention. L'invention engendre ensuite l'innovation. Enfin, l'innovation se diffuse et conduit à de nouveaux produits et de nouvelles techniques . Il y aurait donc une succession linéaire d'événements sans retour ni rétroaction.

Dans cette analyse, renforcer l'innovation passe ainsi nécessairement par une augmentation de l'effort de recherche. C'est en se référant au modèle linéaire que la politique industrielle a souvent confondu la recherche, voire la recherche publique, avec l'innovation.

Or innovation et recherche sont des notions différentes. La recherche est l'affaire des scientifiques, l'innovation celle des entrepreneurs. Elle rappelle néanmoins que l'innovation va au-delà de la recherche, qu'elle a ses lois et ses déterminants qui relèvent non seulement des marchés mais aussi des laboratoires.

Des études ont parfois montré que l'innovation ne coïncide pas avec l'intensité de la recherche technnonologique .C'est ainsi que dans la classification classique des activités on distingue selon l'intensité technologique (« haute intensité technologique » pour les secteurs dont les dépenses de R&D sont supérieures à 4 % du chiffre d'affaires, « moyenne intensité » pour les dépenses de R&D comprises entre 1 et 4 % et « faible intensité » pour les dépenses inférieures à 1 % du chiffre d'affaires).

D'autres résultats montrent aussi que les dépenses non liées à la R&D, constituent une part considérable des dépenses totales d'innovation dans presque tous les secteurs industriels. C'est ainsi que, même dans une industrie de pointe telle que la bureautique qui dépense des sommes importantes en recherche, les dépenses d'innovation non directement liées à la recherche et au développement sont toujours importantes. Elles varient dans le total des dépenses

d'innovation entre 44 % en Belgique et 66 % en Allemagne.
Si l'on se place en comparaison internationale, les récentes enquêtes font ainsi ressortir que la R&D n'est pas nécessairement la source principale de dépenses en vue de l'innovation puisqu'elles représentent entre 22 % en Irlande et 46 % aux
Pays-Bas dans le total des dépenses liées à l'innovation.
Les dépenses liées à l'innovation sont beaucoup plus extensives que les seules dépenses de R & D.

L'innovation est enfin de par sa nature un processus collectif qui suppose l'engagement progressif d'un nombre croissant de partenaires, parmi lesquels, les entreprises constituent une condition sine qua non à la réalisation de l'innovation.
En terme général, elle est une entité à laquelle on attribue les sources d'innovation.

Section –2 : Sources d'innovation, facteurs déterminants de l'innovation et théorie de J. Schumpeter

(i)-Source de l'innovation

La principale source d'innovation est la recherche interne à l'entreprise. D'autre part, deux sources externes jouent un rôle important comme les fournisseurs de matériaux, de composants et d'équipement et clients, et citant aussi les rencontres lors des foires, expositions et réunions professionnelles. Le tableau ci-après synthétise les sources de l'innovation de façon globale.

La recherche interne joue, comme on peut s'y attendre, un rôle plus important dans les entreprises de grande taille (la proportion des entreprises qui y font appel va de 49 % pour les plus petites entreprises à 87 % pour les plus grandes, la moyenne étant à 57 %).

Les déterminants de l'innovation accentue les rôles octroyés au capital humain, au capital physique voire culturel, au sein desquels, on peut tirer les rendements publics de l'innovation.

-Facteurs déterminants de l'innovation

Le développement de l'innovation et du progrès technique est lié à de multiples facteurs 15:

- L'entrepreneur « innovateur » : c'est un homme d'action qui prend le risque de se lancer pour introduire l'innovation dans le processus de production. S'il réussit, il va bénéficier d'une « rente du monopoleur » puisqu'il sera le seul à offrir un nouveau produit sur le marché. Puis il sera concurrencé par des imitateurs car son monopole n'est que temporaire.

- La taille de l'entreprise : elle est déterminante pour l'introduction des innovations. Le développement de la concentration des entreprises favorise la prise de risque et permet d'assurer le coût élevé du financement qu'entraîne l'introduction des innovations.

- Le développement de la recherche : joue un rôle moteur pour générer l'innovation.

- Les facteurs humains et culturels sont indispensables pour permettre l'assimilation du progrès technique. Le retard de certains pays en développement s'expliquerait en partie par leurs difficultés à intégrer les technologies modernes.

J. Schumpeter a effectué des analyses portant sur la croissance économique issue du rebondissement de la technique et de la technologie, qui font valoir les contributions des entrepreneurs.

Nicolas Kondratieff (1892-1930) mettait en évidence que l'activité économique subissait des cycles comportant des phases de croissance puis des phases de dépression à peu près tous les cinquante ans.

Schumpeter (1942) explique que l'innovation est la cause de ces fluctuations. En effet, l'introduction par des entrepreneurs dynamiques de plusieurs « grappes » d'innovations, qu'elles soient de produit ou de procédé, va déclencher des vagues de croissance. Cette vague d'impulsion se caractérise comme une « destruction créatrice ». D'un côté, l'innovation crée de nouvelles activités et de nouveaux métiers, mais de l'autre, elle condamne les entreprises que les nouvelles techniques rendent obsolètes et qui doivent disparaître. Mais après la vague de croissance, on constate que les entrepreneurs « innovateurs » perdent progressivement leur « rente du monopoleur », concurrencés par d'autres entrepreneurs « imitateurs » attirés par le profit. Cela conduit à l'excès de l'offre par rapport à la demande qui fait baisser les prix et donc les profits. Les chefs d'entreprise n'arrivent plus à rembourser leurs emprunts, c'est la « déflation de crédit » et le ralentissement progressif de l'économie conduisant à une phase de récession. Il faudrait attendre l'arrivée d'une autre grappe d'innovations pour retrouver un autre cycle de croissance.

Section–3 Théorie du progrès technique endogène de Paul Romer

1- Caractéristiques et principes

Dans les nouvelles théories de la croissance, Romer définit le progrès technique de façon générale comme un accroissement de la connaissance (la technologie) que les hommes ont des lois de la nature appliquées à la production.

Les théories de la croissance endogène s'accordent avec la plupart des théories antérieures pour attribuer au progrès technique un rôle moteur dans la croissance (Romer, 1994). Mais c'est la nature de bien public (et cumulatif) du savoir qui en fait un vecteur de la croissance.

La recherche joue un rôle capital dans le développement du progrès technique et de la croissance (Romer, 1990). On distingue :

- La recherche fondamentale, financée par l'Etat et qui a pour objet de développer les connaissances scientifiques.

- La recherche appliquée, encore appelée, recherche-développement, financée par l'entreprise pour découvrir des innovations visant à augmenter ses parts de marché.

Pour Romer, la spécification de la connaissance technologique est un bien économique. « La technologie est un bien non rival : l'utilisation d'une connaissance par un agent n'en empêche pas l'usage simultané par un autre. C'est aussi un bien partiellement exclusif : le droit de propriété sur une découverte ne peut être que partiel »

2- Le modèle (Romer, 1990)

Le modèle de Romer est composé de trois secteurs :

- La recherche et le développement :

Dans le secteur de la recherche, la connaissance est non rivale et non exclusive. Chaque chercheur peut donc utiliser l'ensemble de connaissances existantes pour produire des inventions. Chaque unité supplémentaire de maind'œuvre affectée à la recherche augmente le taux de croissance de la technologie et pas seulement son niveau. Ainsi les découvertes de tous les chercheurs antérieurs bénéficient à tout chercheur d'aujourd'hui en augmentant sa productivité.

- La production de bien intermédiaire : Chaque découverte permet la production d'une machine ou d'un bien intermédiaire de type nouveau. Le capital est représenté comme la somme d'un ensemble de biens différents. Ainsi l'entreprise qui fabrique un type donné de capital doit d'abord acheter le brevet adjacent à la technologie. Elle sera en position de monopole sur le marché et en obtient une rente. La concurrence « à la Chamberlin » entre les entreprises offrant des types de machines différenciées entraîne l'égalité de la rente au coût fixe à l'équilibre.

- La production de bien final : Les biens capitaux sont produits selon une technologie identique à celle du bien de consommation ; et le bien de consommation indifférencié est produit selon la technologie. Ainsi la technologie incluse dans une unité d'un type donné de capital bénéficie pleinement à l'ensemble des agents qui achètent ce type de capital, alors même qu'ils ne paient qu'une fraction du coût de la production de cette technologie.

Les pays en développement ne peuvent pas se passer des fruits technologiques, vue que nous avons pu constater les rentes issues de l'innovation. Ces pays doivent procéder au niveau des centres d'appui à la technologie et à l'innovation. Ces centres regrouperont les recherches et inventions réalisées par les institutions, et fourniront les bases de données, qui contribueront ensuite au développement national.

Dans la partie suivante, nous allons voir l'innovation dans les PED, en mettant en exergue les effets de l'innovation technologique sur l'économie, en analysant les obstacles que ces pays rencontrent tout en avançant des recommandations plausibles et réalisables afin que les pays qui sont encore pauvres pourront s'intégrer dans le monde des pays prospères.

PARTIE II : L'INNOVATION DANS LES PAYS EN DEVELOPPEMENT

CHAPITRE 1 : ANALYSE DE LA POLITIQUE D'INNOVATION DANS LES PAYS EN VOIE DE DEVELOPPEMENT

Dans cette partie, nous allons analyser autant que faire se peut les importances de l'innovation pour l'économie des pays en développement, tout en considérant les difficultés rencontrées par ces pays ainsi que les enjeux en matière d'innovation sur la performance économique.

Section 1 : Généralité sur le système d'innovation

Théorie de J. Shumpeter : Joseph Schumpeter a insisté sur le caractère essentiel de la fonction d'entrepreneur : l'entrepreneur innovateur est à l'origine des transformations de l'économie. Il considère que l'entrepreneur innovateur n'est pas le plus représenté dans la population des entrepreneurs, les plus nombreux se contentent de reproduire les méthodes qui ont fait leurs preuves. Selon Schumpeter, l'innovation ne concerne pas simplement les processus productifs, mais aussi l'organisation de l'activité économique et les formes d'institutions. Au fond, l'entreprise moderne est la forme d'organisation qui parvient à mettre en pratique les inventions scientifiques et qui est elle-même le résultat d'une série d'innovations organisationnelles. Schumpeter prend également en compte les transformations sociales que les innovations technologiques tendent à conditionner.

Les innovations font donc intervenir toutes sortes d'activités scientifiques, technologiques, organisationnelles, financières et commerciales. Outre la recherche, d'autres activités ou facteurs sont souvent impliqués dans le processus d'innovation. Il s'agit notamment de l'outillage et de l'ingénierie industriels, des modifications des outils de production, des renforcements des contrôles de qualité, du changement des méthodes et des normes de fabrication ou d'utilisation de procédés. On peut aussi y ajouter les essais préliminaires au démarrage de la fabrication, la formation du personnel aux nouvelles techniques ou à l'utilisation des machines, des investissements de commercialisation et de lancement des produits nouveaux, l'acquisition des connaissances sous forme de brevets, de licences, de marques, etc.

Cette partie propose une évaluation des performances des PED, en matière de recherche et d'innovation, afin de diagnostiquer les principales lacunes du système d'innovation de ces pays.

Section 2 Caractéristiques du système d'innovation dans les PED :

2-1-Les activités d'innovation sont entravées

Plusieurs facteurs se situent à la base des difficultés en matière d'innovation dans les pays en développement. Ces facteurs peuvent être liés aux connaissances comme l'insuffisance de potentiel en R & D, le manque de personnel qualifié, d'informations sur la technologie et sur les marchés pour les firmes, difficultés liées aux changements proprement dit telles que les facteurs de coût (coût excessif par exemple), facteurs institutionnels montrant le manque d'infrastructure, la faiblesse des droits de propriété, de normes, des réglementations ainsi que de législations. Outre cela, on est améné à savoir d'autres raisons qui incitent à ne pas innover comme le manque de demande d'innovation à titre d'exemple.

2-2-Les faiblesses des PED face à l'économie de l'innovation
Comme nous l'avons présenté, les pays en développement affichent encore des difficultés quant à l'innovation technologique, et ce pour différentes raisons :
• le socle manque pour le système de l'innovation: l'éducation de base est insuffisament développée, et notamment trop de gens sont encore non scolarisés ;
• le niveau d'équipementdes en télécommunication est insuffisant (< 30 lignes pour cent habitants), malgré le progrès des mobiles; celui-ci ne compense pas l'insuffisance d'internet ;
• les systèmes d'innovation sont embryonnaires et répondent mal aux besoins ;

- le cadre économique et institutionnel comportedes faiblesses: problèmes majeurs de bureaucratie et de gouvernance ;
- les obstacles socio-culturels demeurent: civilisation de l'oralité, lien très fort avec le passé ;
- Les traumatismes de la colonisation n'ont pas été complètement surmontés: double culture.

2-3- En matière de dépense de recherche et de développement : faible contribution
Les dépenses de recherche et développement publiques et privées sont encore faibles. Les efforts sont insuffisants. La part de PIB que ces pays consacrent est inférieure par rapport aux principaux pays développés: moins de 0.2% contre 2,7% pour les Etats-Unis et pour le Japon. L'écart avec ces derniers a triplé depuis 1981. Par conséquent, les exportations des hautes technologies sont encore un blocage majeur sur l'ensemble de l'économie. La faible part du PIB dans les dépenses liées à la recherche est trop faible, voire nulle pour les pays pauvres. Par conséquent, l'innovation elle-même ne s'inscrit pas la politique des

gouvernements, provoquant ainsi le manque de compétitivité industrielle de ces pays.

2-4- L'intensité de l'innovation industrielle reste trop faible :

Trop peu de recherche industrielle. La recherche industrielle, réalisée et financée par les entreprises est moins élevée. Les dépenses de recherche et développement du secteur des entreprises (en d'autres termes la recherche effectivement faite dans les entreprises, quelle que soit la source de son financement) sont encore moins de 0,2% du PIB.

Par conséquent, la négligence de l'implication dans les technologies modernes affaiblit la concurrence, et par conséquent diminue les investissements et donc la performance économique. . Le manque en matière d'innovation des PED leur prive des opportunités car : -l'application de technologies constamment améliorées aux moyens de transport et de communication de masse a engendré un degré sans précédent de connectivité et d'information à l'échelle mondiale . Les économies deviennent plus interdépendantes, tandis que les cultures se font plus perméables, plus transparentes et

plus vigoureuses à la faveur d'une intensification des échanges de biens, de services, d'idées, de valeurs, d'experts, de problèmes et de solutions.
Le changement technologique lui-même a entraîné la disparition des monopoles dans de nombreux segments du marché des communications et a ainsi contribué à l'instauration d'une plus grande concurrence et à la réforme de la réglementation. De façon plus générale, les pays en développement ne se sont pas engagés dans un vaste programme de réforme structurelle qui leur a permis d'améliorer le climat des affaires, de renforcer la concurrence, d'inciter les entreprises à améliorer leurs performances et de favoriser l'innovation et la croissance .

Section 3 La faiblesse en matière d'innovation constitue-t-elle un facteur de blocage sur la croissance économique ? :

3-1 Un système d'innovation à faible implication étatique :
Généralement, recherche et innovation sont très liées aux interventions publiques. La

recherche fondamentale et une partie significative de la recherche appliquée sont menées au sein d'établissements publics. En outre, les entreprises nationalisées et les dépenses publiques ont longtemps joué un rôle d'impulsion dans la genèse et la diffusion des innovations technologiques, organisationnelles et sociales.

Les blocages économiques liées à la faiblesse technologique provoquent des répercussions négatives au niveau environnemental ainsi que sur les facteurs humains ; car le changement climatique et le réchauffement de la planète font désormais partie de notre vie quotidienne, le nombre de catastrophes liées au climat a triplé entre les années 70 et les années 90, tandis que les pertes en vies humaines ont fortement augmenté et que les dommages économiques sont considérables.

Face à cette faible implication étatique, les moyens de facilitation et d'appui que les pouvoirs publics doivent fournir sont presque inexistants, et provoquant ainsi des obstacles sur :

• l'identification et la diffusion des opportunités d'investissement dans le secteur agro-alimentaire;

- la prise de mesures pour réduire les risques des investissements du secteur privé dans les sous secteurs (agricole, transport, et autres secteurs de services) ;
- l'amélioration des cadres politique et réglementaire ou de l'environnement favorable, pour des investissements dans le développement de l'agriculture, de l'emploi, de la compétitivité, de la croissance et du développement durable.
- le soutien aux innovations institutionnelles contribuant au développement de l'entrepreneuriat;
- le financement et les garanties afin de réduire les coûts d'investissement des industries ou des entreprises.

Les expériences issues des pays riches ont toujours montré qu'un bon système éducatif est toujours favorable à tous le niveaux. Bien formé, bien éduqué, bien cultivé constituent déjà en quelque sorte un développement. Cependant, des efforts sont encore à déployer en matière d'éducation national pour les PED.

3-2-Faiblesse au niveau du système d'éducation et de formation :

Le système éducatif des pays pauvres et surtout des pays africains est très largement public et tend à privilégier la formation générale au détriment des cursus plus professionnels, ce qui a sans doute des implications sur le type d'innovation susceptibles d'émerger.

Des systèmes d'éducation et de formation sont encore inadaptés.

A l'heure actuelle, les institutions éducatives et de formations connaissent des difficultés croissantes pour traiter un public de plus en plus nombreux et diversifié. Cela provient, entre autres, d'un très grand manque de souplesse dans les structures et règles d'évolution. Cette rigidité ne leur permet pas de se repositionner et de reformuler leurs programmes. Même si des établissements et des enseignements tentent des expériences de renouvellement, ils restent encore trop isolés les uns par rapport aux autres. Trop fréquemment encore, les systèmes d'éducation oscillent entre une trop grande priorité donnée aux connaissances académiques (y compris dans le domaine scientifique) et une formation technique très inadaptée. L'existence de filières encore trop cloisonnées ne contribue pas au processus de diffusion de l'innovation dans l'éducation et la formation.

La science et la technologie font l'objet d'une attention insuffisante dans l'enseignement de base.

Depuis les années 30, l'information et la communication opèrent beaucoup dans l'activité économique, sociale, culturelle, politique,... Ce système est un atout incontournable, vue qu'il est issu de l'innovation.

3-3- Les nouvelles technologies de l'information et de la communication : les rôles des TIC

Les problèmes rencontrés en matière des technologies touchent aussi les technologies de l'information et de la communication dans les pays pauvres..

Les équipements des TIC se sont rapidement accumulés dans les années quatre-vingt dix, mais si les ordinateurs paraissent omniprésents, l'utilisation des TIC est en fait très modeste dans le secteur des services et dans quelques industries manufacturières. Par rapport aux pays développés, les pays pauvres se situent en situation de périphérie, et restent encore dominés par ces pôles dominants.

La diffusion des TIC s'est accélérée à partir de 1995, à la faveur d'une nouvelle vague de technologies reposant sur des applications comme le World Wide Web, qui se sont répandues dans toute l'économie.

Les TIC ont considérablement réduit le coût de l'externalisation et de la coopération, contribuant ainsi au développement des réseaux entre les entreprises. Elles jouent également un rôle de premier plan dans l'accélération du processus d'innovation et la réduction de la durée des cycles, ce qui permet une diffusion plus rapide du savoir codifié et des idées. C'est également grâce aux TIC que la science est devenue plus efficace et qu'elle a resserré ses liens avec les entreprises. Les simulations sur ordinateur, par exemple, permettent aujourd'hui d'identifier de nombreux médicaments et, le cas échéant, de les rejeter, sans être obligés de procéder à des essais fastidieux.

Les TIC sont également le domaine technologique où le degré d'innovation, mesuré par les brevets, est le plus élevé. Plus généralement, les TIC rendent possibles, dans l'économie et dans le processus d'innovation, de nombreuses évolutions qui contribuent à rendre les autres secteurs économiques plus innovants et par conséquent à rendre une grande performance économique. La diffusion de la technologie et les investissements dans les TIC laissent entrevoir une accélération de la croissance. L'innovation et la technologie de l'information sont étroitement liées dans les performances récentes en matière de croissance. Certaines évolutions récentes touchant le processus d'innovation, ainsi que les effets correspondants sur l'innovation, par exemple le séquençage du génome humain, n'auraient pas pu avoir lieu sans les TIC. Inversement, une partie de l'impact des technologies de l'information ne se serait peut-être pas fait sentir en l'absence d'une évolution du système d'innovation et de l'économie en général. Les politiques visant à stimuler l'innovation et la croissance devraient donc être axées sur ces deux plans. Cette stratégie aidera également les gouvernements à mettre l'innovation au service de combats comme celui de la santé, de la lutte contre le changement climatique ou contre les pénuries alimentaires.

Plusieurs conclusions peuvent être tirées de ces observations par rapport aux PVD :

Ils échangent peu de technologies avec les pays développés. Deux faits sont saisissants, d'abord, la faiblesse permanente de la productivité, causant la médiocrité de la production dans les secteurs. Ces impacts provoquent une conséquence considérable dans l'économie, vu que les TIC jouent un rôle important dans la croissance économique. Ensuite, une situation inverse existe dans les PED ;

L'innovation est aussi un atout de taille pour le développement. Les faiblesses technologiques empêchent l'informatisation des dossiers fonciers ruraux entravant ainsi la disponibilité de l'information sur les droits fonciers et les pratiques d'aménagement. Ces blocages compromettent le processus de production dans le cas où les banquiers n'octroient des prêts sur récoltes. Les différends fonciers sont nombreux, ce qui décourage les agriculteurs à investir dans leur propriété.

L'effet de l'innovation sur l'emploi dans les PED est un élément clé, allant jusqu'à garantir la survie d'une communauté.

3-4-Impact de l'innovation sur l'emploi
Il est exact qu'en moyenne l'emploi manufacturier est d'autant mieux garanti que les efforts d'innovation sont importants. En moyenne pour 150 pays (pays en développement et pays développés confondus), seul le secteur des hautes technologies est parvenu à accroître l'emploi de 3,3 % sur l'ensemble de la période 1983-1995 .
Par ailleurs, une intégration insuffisante de la technologie dans l'apprentissage des disciplines scientifiques; une inadéquation des formations des maîtres aux avancées des sciences; une proportion trop faible des femmes dans les études scientifiques et techniques, sont des facteurs majeurs qui entravent le secteur de l'emploi au sein des pays pauvres.

3-5- Une mobilité trop faible
L'innovation se nourrit d'échanges, de confrontations, d'interactions, de mélanges.

La circulation des idées et la mobilité des personnes sont importantes pour créer et diffuser l'innovation. En particulier entre le monde de la recherche, de l'université et de l'entreprise.

Or, les PED ne sont pas dans une position favorable à cet égard, comparée aux principaux pays industrialisés, en d'autre terme, il n'y a pas vraiment de circulation de connaissance dans les pays en voie de développement.

CHAPITRE 2   LES IMPACTS DE L'INNOVATION TECHNOLOGIQUE SUR L'ECONOMIE :

Les exemples, les prises de consciences des pays riches montrent que l'innovation engend des impacts considérables, tangibles et auto-entretenus pour l'économie.

1-Les investissements informatiques
De ce qui précède, on peut retenir que les PED présente un certain retard d'investissement par rapport aux pays développés comme les États-Unis, le Japon, les pays européens, dans les produits de l'informatique. D'une part, le taux d'investissement dans ces produits est nettement plus faible, d'autre part, l'accélération de l'investissement informatique depuis le début des années quatrevingt-dix a été nettement plus forte aux PD qu'aux pays pauvres dont l'utilisation de la technologie informatique reste encore très faible.

Quelles peuvent être les conséquences de ce retard sur la croissance de l'économie? Étant donné que l'investissement en matériel informatique permet de forts gains de productivité aux PD, on pourrait conclure que le retard en investissement des pays pauvres dans le domaine informatique pèse sur les gains de productivité. Les gains de productivité et la croissance du PIB sont étroitement liés aux nouvelles technologies et aux investissements dans les actifs intellectuels. Les ordinateurs personnels, l'Internet et ses ramifications, les réseaux de télécommunications haut débit jouent un rôle déterminant dans l'amélioration de l'efficacité, le développement de nouveaux modèles économiques et la création d'entreprises. Les compétences, les réseaux et les échanges de connaissances sont essentiels pour rester concurrentiel dans une économie où l'information circule en temps réel.

La difficulté d'accès au financement est l'un des facteurs bloquant l'avancée technologique des pays en développement. Le capital-risque ne semble pas avoir une grande importance par rapports aux pays riches dans les technologies de l'informatique et les biotechnologies, alors que ceci permet aux percées de la recherche de se matérialiser en de nouvelles entreprises. L'investissement en informatique est porteur de croissance pour les secteurs producteurs des biens des nouvelles technologies, mais les PED ne sont pas dotés des infrastructures technologiques capables d'absorber ce système.

2- L'innovation agricole
 La société des pays pauvres est encore une immense paysannerie constituée de faible productivité de la main d'œuvre agricole, c'est-à-dire que les agriculteurs sont moins efficaces : cette faible productivité fait obligation que la quasi-totalité de la main-d'œuvre totale soit occupée dans l'agriculture. Sans l'introduction des techniques modernes dans le secteur agricole, on ne peut pas faire une agriculture permanente, les rendements n'arrivent jamais à couvrir les besoins. Une conséquence a été la faiblesse de la production agricole. D'où l'accès au marché n'est pas possible, les rations caloriques sont négligées et voire des conséquences néfastes sur le revenu.

Les blocages économiques liés aux technologies revêtent différents aspects pour les pays en voie de développement :

• Les aspects techniques liés au savoir-faire et à la mise en œuvre d'opérations technologiques appropriées, eu égard aux caractéristiques intrinsèques des aliments (génie chimique et/ou bio-chimique), à la spécificité des équipements et infrastructures (génie électrique et/ou mécanique), au respect des normes et des besoins qualitatifs et quantitatifs des marchés (génie des procédés) , etc... ;

• Les aspects économiques et financiers, faisant intervenir les problèmes de débouchés (écoulement des produits), d'approvisionnement (fluctuation de la production et des marchés), de structures (concentration des entreprises) et de capitaux (investissement, coûts des équipements) ;

• Les aspects juridiques, liés aux clauses contractuelles et aux systèmes de protection des droits de propriété intellectuelle ;

• Les aspects géographiques, mettant en jeu les facteurs de localisation des industries agricoles et alimentaires (proximité des zones de production, des centres de consommation ou des zones portuaires ou aéroportuaires) ;

• Les aspects environnementaux, relatifs à la nécessité d'appliquer des technologies garantissant une « production propre » ; et

• Les aspects psycho-sociologiques et culturels, destinés à la prise en considération des habitudes de consommation (us et coutumes, pratiques culinaires, convictions religieuses, etc....) des populations ciblées.

3- Une nécessité technologique face aux chocs environnementaux

Les politiques en matière de science, de technologie et d'innovation qui aident les pays en développement à mettre au point, à adapter et à utiliser des technologies de l'énergie à des fins de croissance économique et d'atténuation de la pauvreté sont d'une importance cruciale.

Les risques que font peser les chocs environnementaux et climatiques sur le développement augmentent et ne font qu'empirer la situation des PED, tout comme les coûts économiques, sociaux et ceux qui sont associés à la santé par suite de la dégradation de l'environnement. Les changements climatiques rendront certains rajustements nécessaires sur le plan économique; ils poseront également des défis sur l'innovation technologique, par exemple en ce qui concerne la santé et la capacité de faire face aux catastrophes naturelles.

Il est probable que, dans certains pays, l'énergie, l'eau et les aliments viennent à manquer; des conflits pourraient éclater. Ces pénuries frapperont tout particulièrement les pauvres. Il est donc nécessaire de se pencher sur les avantages et les inconvénients d'ordre économique, environnemental, social et même politique inhérents aux modèles de développement actuels.

Face à certains problèmes liés aux changements brusques affectant l'environnement, la technologie constitue un moyen parmi tant d'autres pour atténuer les difficultés.

4-Les industries dans les PED

Les industries des pays en développement connaissent une grande fragilité, qui freine l'amélioration de leur compétitivité. La notion de compétitivité fait intervenir celles de productivité, d'efficacité et de rentabilité. Or, la compétitivité d'un pays, d'une région ou d'une entreprise dépend désormais de façon déterminante de sa capacité à investir dans la recherche, la connaissance et la technologie, ainsi que dans la formation des compétences qui permettent d'en tirer le meilleur parti en termes de produits ou services nouveaux.

Le secteur industriel dans les pays pauvres est en permanence confronté à de défis: concurrence internationale de plus en plus vive; émergence de nouvelles technologies qui bouleversent les schémas traditionnels et imposent la rénovation des méthodes d'organisation; nouvel impératif de la protection de l'environnement, etc

Les connaissances et l'innovation demeurent des outils d'autonomisation et, à ce titre, des éléments cruciaux de la quête d'une prospérité, d'une sécurité et d'une équité accrues.

Le chapitre suivant évoque la réalité qui existe dans ces pays en voie de développement, selon laquelle ces pays sont toujours dans une situation critique. De plus, la mondialisation oblige, le problème s'accentue.

CHAPITRE 3 : OBSERVATION EMPIRIQUE

3-1 L'accès à l'innovation en tant que moteur pour l'économie

En raison de la pauvreté chronique qui règne dans les pays en développement, la survie des populations en plein essor dépend de ressources naturelles locales qui sont le plus souvent insuffisantes. En outre, les plus grands défis de l'heure en matière de développement— les changements climatiques, la sécurité alimentaire, la pénurie d'énergie et l'émergence de maladies infectieuses — sont d'ordre environnemental. Pour ce faire, l'accès à l'innovation technologique est une option incontournable. Les efforts issus des R & D sont bien placés pour continuer de jouer un rôle moteur dans le soutien à des recherches qui mettent en rapport, d'une part, une meilleure gestion agricole et environnementale et, d'autre part, le développement humain et la croissance économique.

3-2 Problématique de l'innovation technologique et de la valorisation des filieres agricoles et agroalimentaires en Afrique

Les faibles performances de l'agriculture africaine et la valorisation insuffisante des ressources naturelles du continent sont, en grande partie, à l'origine de son marasme économique et social. En effet, la situation économique générale de l'Afrique est des plus critiques. 34 des 48 Pays les Moins Avancés (P.M.A) sont africains et plusieurs d'entre eux émargent à l'initiative PPTE. Presque tous les pays de ce continent ont été ou sont toujours sous ajustement structurel et leurs ressources publiques consacrées à la l'innovation et technologie ou à la R-D accusent une nette tendance à la baisse.

Outre le manque d'infrastructures et de capacités technologiques appropriées, ces faiblesses découlent généralement d'un défaut d'informations, de mauvais choix technologiques, ainsi que de l'insuffisance d'innovation dans les processus de production, de conservation et de transformation des produits agricoles, singulièrement pour le secteur agroalimentaire. Ces faiblesses résultent, en outre, des difficultés inhérentes au secteur manufacturier, de l'absence d'encadrement et de programmes de formation spécifique, visant à accroître les compétences techniques des ressources humaines, à tous les niveaux de la chaîne d'exploitation et de valorisation des filières.

Sur le plan de la qualité, par exemple, l'Afrique continue à souffrir d'un manque d'instruments, allant de la mise en place de systèmes d'évaluation et de conformité aux normes internationales, à la disponibilité de moyens humains compétents en la matière.

Ainsi, les principales contraintes limitant l'innovation technologique en Afrique procèdent, pour la plupart des pays, de l'insuffisance du potentiel scientifique et technologique des Centres de Recherche-développement ou de certification/normalisation, des obstacles d'ordres politique, économique et juridique ainsi que du manque de coopération scientifique et technologique inter institutionnelle au niveau du continent. Enfin, notons que l'extraversion des habitudes de consommation des populations locales ne favorise nullement la mise en œuvre du processus d'innovation technologique par la valorisation économique et commerciale des résultats de la recherche endogène.

a) Obstacles d'ordre politique et économique

La mise en œuvre d'une stratégie d'innovation technologique distincte, au sein d'une véritable politique scientifique et technologique, elle-même s'intégrant harmonieusement dans la politique globale de développement économique et social du pays, constitue une des responsabilités majeures des pouvoirs publics. La stratégie d'innovation technologique doit ainsi être systématiquement prise en compte dans les politiques sectorielles de développement comme l'agriculture, l'industrie, l'élevage, la pêche, etc. Ce qui, malheureusement, n'est généralement pas le cas en Afrique. Les politiques scientifiques et technologiques mises en œuvre dans la plupart des Etats, n'incluent pas, en général, une stratégie distincte, spécialement consacrée à l'innovation technologique, ou à la valorisation des produits locaux, grâce à l'exploitation des résultats de la recherche-développement endogène.

En outre, dans les faits, ces politiques sont souvent considérées comme des activités marginales et ne sont pas véritablement intégrées aux plans nationaux de développement économique et social. Par exemple, à travers des objectifs spécifiques et quantifiés comme l' « autosuffisance ou la sécurité alimentaire », la réduction de la pauvreté par la création d'emplois dans la chaîne alimentaire, les besoins en eau ou en énergie des populations rurales ou urbaines", etc.

De même, il convient de déplorer le manque de "culture scientifique" et "technologique", entraînant une attitude mitigée à l'égard de la recherche, de la part des populations, comme de plusieurs décideurs politiques. Celle-ci est ainsi considérée non pas comme un levier moteur qu'il faut soutenir en priorité, parce que nécessaire à la satisfaction de leurs besoins primaires (alimentation, énergie, emplois, etc.) comme à leur sécurité, leur bien-être ou leur confort mais plutôt comme un objet de "luxe" pour l'Afrique, souvent

entouré d'énigmes ou de mythe que seule une "race d'illuminés" peut percer.
D'autres handicaps majeurs, tels la faiblesse institutionnelle ainsi que les difficultés dans la coordination, l'harmonisation et l'évaluation des activités et programmes des différents Centres de Recherche, demeurent encore.
Cette situation procède, dans la plupart des Etats, du manque de vision et d'option résolue pour une politique scientifique et technologique volontariste, allant au-delà des déclarations d'intention et conférant, effectivement, à la Recherche Scientifique et Technologique, ainsi qu'à l'Organe Directeur Central de ce secteur des ressources conséquentes et un rôle majeur dans le processus de développement économique et social durable du pays, de la sous-région ou de la Région.

b) Insuffisance du Potentiel Scientifique et Technologique des Centres de R-D
D'une manière générale, l'un des facteurs déterminants de la performance innovatrice d'un pays ou d'une région est constitué par l'importance de son potentiel scientifique et technique et, notamment, par la capacité des

structures nationales ou régionales de Recherche-Développement à générer des "paquets technologiques" ou à les adapter aux conditions spécifiques locales. Or, comme on le sait, l'efficacité et la productivité de la recherche requièrent la disponibilité, en temps opportun, de ressources appropriées (laboratoires correctement équipés, chercheurs et techniciens compétents et en nombre suffisant, budgets de fonctionnement bien dotés, etc...).

A cet égard, notons que les capacités de Recherche-Développement et, d'une manière générale, le potentiel Scientifique et Technologique de l'Afrique, sont parmi les plus faibles du monde, comme l'illustrent les statistiques de l'UNESCO (1994), reflétées par les figures suivantes :

Ainsi, par exemple, la part de l'Afrique dans les dépenses globales dévolues à la Recherche-Développement est très minime par rapport à celle consentie par les autres régions.

Il en est de même pour celle du PNB consacrée par ce continent au financement des activités de R&D (figure2). Celle-ci est, en effet, dérisoire (0,25%), comparativement aux autres régions en développement (0,4% pour l'Amérique Latine ; 2,05% pour l'Asie et 1,38% pour l'Océanie) et surtout aux régions développées (2,21% pour l'Europe et 2,87% pour l'Amérique du Nord).

A.L.C*: Amérique Latine et Caraïbes.Figures 1 et 2 : Dépenses de R-D en % du PNB en 1990, Source : UNESCO (1994) - Annuaire Statistique

En conséquence, le nombre de scientifiques et d'Ingénieurs engagés dans la recherche est le plus faible au monde, comparativement à la population.

Il convient, en outre, de déplorer l'insuffisance du support informationnel des centres de recherche-développement africains. Celle-ci se manifeste tant pour leur permettre de disposer, en temps réel, des informations sur les nouvelles acquisitions technologiques à travers le monde que pour vulgariser, auprès des structures locales de production, les "paquets technologiques" susceptibles d'être traduits en biens ou en services, en vue de leur exploitation commerciale, compétitive et rentable.

En outre, les Centres africains de Recherche-Développement ne disposent généralement pas de structures efficaces de Démonstration, de Marketing ou d'étude de faisabilité. Aussi, ils ne sont pas toujours capables de définir aux opérateurs économiques ou promoteurs potentiels, avec la célérité requise, toutes les spécifications technico-financières ainsi que les modalités pratiques d'exploitation industrielle ou commerciale des acquis ou résultats de leurs recherches.

Ces Centres demeurent ainsi généralement très cloisonnés vis-à-vis des entreprises de production et, réciproquement, celles-ci n'ont que peu d'intérêt pour la recherche locale. Par ailleurs, notons que l'inadéquation et la fragmentation des programmes de Recherche, de même que l'absence de concertation et de synergie entre institutions de recherche pour la mise en œuvre de programmes mobilisateurs, intégrant l'amont et l'aval de la production, sont aussi à déplorer. Enfin, il convient de signaler que l'insuffisance de bases de données statistiques, fiables et à jour, sur le potentiel scientifique et technologique (nombre et spécialisations des Ressources Humaines, infrastructures, équipements, programmes de Recherche, résultats exploitables, etc...) constitue également un handicap majeur pour toute gestion et planification stratégiques de la Recherche.

Il résulte de tout ce qui précède que les Centres africains de R-D sont peu nombreux et ne disposent pas de la masse critique ni de capacités adéquates de mise au point, d'adaptation ou d'évaluation des « paquets technologiques » répondant convenablement aux exigences pratiques de l'exploitation industrielle, artisanale ou commerciale et à l'ensemble des besoins spécifiques locaux. En conséquence, la contribution de la Recherche africaine dans la littérature, et projets scientifiques et techniques au niveau mondiale (publications dans les Journaux Internationaux spécialisés, des brevets,...) sont dérisoires, de l'ordre de 0,32%, contre 0,96% pour l'Amérique latine et 2,86% pour l'Asie (UNESCO).

c) Contraintes des Entreprises de Production

Bien qu'étant parmi les régions qui recèlent le plus grand nombre de ressources naturelles, l'Afrique est, paradoxalement, celle qui est la moins industrialisée, avec une part de la valeur ajoutée manufacturière la plus faible, comme en atteste la figure ci-après (Taux de Croissance et Parts de la Valeur Ajoutée Manufacturière (VAM) dans les Régions du Monde, 1970 – 1995 25

Les entreprises de production qui doivent exploiter les "paquets technologiques" connaissent elles-mêmes plusieurs difficultés qui affectent considérablement leur compétitivité, par rapport à celles d'autres régions. Parmi ces difficultés, l'on peut noter :
-        Le financement, lié aux difficultés d'accès au crédit bancaire dont les taux d'intérêt sont, au demeurant, très élevés ainsi qu'aux obstacles monétaires (fréquentes

dévaluations, difficultés de transfert de devises pour les approvisionnements extérieurs, instabilité du dollar et fluctuations des cours mondiaux) ;

- Les facteurs structurels et juridico-administratifs de la plupart des Etats dont les lenteurs et les lourdeurs, imputables à une hyper-réglementation, handicapent toute initiative de création d'entreprises, tant agricoles qu'industrielles ;

- Les facteurs humains, liés au manque de cadres techniques (Ingénieurs, Agents de Maîtrise, Techniciens) capables d'appréhender le fonctionnement, la gestion, la maintenance et la maîtrise des outils technologiques ou suffisamment avertis pour négocier des contrats de transferts de technologie,

- Les facteurs techniques, liés tant au coût excessif qu'à l'irrégularité des intrants de production (eau, électricité, engrais, matières premières, pièces de rechange, équipements, emballages, etc...) ou des services (télécommunications, transport, entreposage, distribution, etc...).

- Les contraintes spécifiques à l'exploitation des différentes filières agricoles et agro-alimentaires (absence de mécanisation des opérations de récolte, de manutention ou de conditionnement, inadéquation des structures de prix, extraversion des habitudes de consommation des populations locales, concurrence des productions étrangères, étroitesse des marchés, etc...).

3-3-Compétences et technologies pour la composante post-récolte de la chaîne de valeur

Pour accélérer le développement du secteur agricole et augmenter sa contribution au développement économique global, il y a un besoin urgent de renforcer les compétences et les technologies qui améliorent l'efficacité et la productivité des haines de valeur comme un complément à l'appui consenti pour augmenter la productivité de la production primaire.

De nombreuses technologies potentiellement utiles sont inutilisables, tandis que le secteur privé a du mal à commercialiser une gamme limitée de technologies dépassées. Des moyens effectifs et efficaces sont nécessaires pour le transfert des technologies et ceci afin d'accroître les capacités des producteurs pour fournir à la chaine de valeur des matières premières de bonne qualité et des produits agricoles frais. Le transfert de technologie aux producteurs est loin d'être suffisant pour appuyer le développement des chaines de valeur. Il y a souvent un écart entre l'offre de technologies et les besoins spécifiques des agriculteurs et des entreprises. Une attention accrue est nécessaire pour le développement et le transfert de technologies améliorées dans des domaines tels que le génie agroalimentaire et la logistique afin d'accroître l'efficacité le long des chaines de valeur. La collaboration public-privé et le partenariat dans la recherche et la dissémination des résultats de la recherche peuvent améliorer les techniques disponibles pour les petits producteurs, transformateurs et autres acteurs de la chaine de valeur. Le programme fournirait un appui à l'innovation des produits et procédés et pour le transfert efficace et efficient des technologies aux agriculteurs ct aux entreprises, y compris les arrangements institutionnels pour un partenariat public-privé.

Mécanisation agricole

Dans de nombreuses régions dans les pays en voie de développement, la préparation du sol est effectuée par la houe manuelle sur plus de la moitié des terres cultivées. En Afrique sub-saharienne, la préparation du sol est réalisée à l'aide d'animaux de trait et de tracteur sur seulement 30 pour cent de la superficie cultivée. Pour atténuer les effets des crises alimentaires sur les consommateurs, augmenter la productivité et le revenu des producteurs et approvisionner l'agro-industrie en produits primaires fiables, l'agriculture des PED doit dépasser le stade de l'utilisation des techniques archaïques comme la houe manuelle et opter pour la mécanisation des opérations agricoles d'une façon durable qui pourrait être offerte par des prestataires de travaux à façon viables.

Il est nécessaire aussi de porter attention au développement, à la fabrication et à l'utilisation effective des machines et équipements de transformation de produits agricoles, et au renforcement des capacités dans le domaine de la maintenance.

A l'heure actuelle les agro-industries dans les pays sous développés subissent de longs délais d'attente pour l'importation des machines et des pièces détachées, de longues immobilisations et des coûts de maintenance élevés. Pour atteindre une croissance soutenue, l'adoption de grands changements technologiques doit s'inscrire dans les politiques économiques des PED à travers des projets. Ces initiatives appuieraient le développement de stratégies et de programmes de mécanisation et joueraient un rôle dans la sélection de modèles de mécanisation appropriée et adaptée aux conditions des pays à faible intensité technologique. Ces projets aideraient également à créer des capacités locales pour adapter les techniques existantes et la fabrication des équipements nécessaires.

Infrastructures
Comme nous l'avons vu dans la définition de l'innovation, elle a ses effets sur le marché, et ses attributs dans l'efficacité commerciale sont considérables pour l'économic et donc sur la croissance.
L'amélioration du marché et des infrastructures commerciales aux niveaux national et régional est essentielle pour réduire les coûts et stimuler le développement de

l'agri business et de l'agro- industrie, en particulier à la lumière des opportunités croissantes qui existent sur les marchés régionaux. Le marché et l'infrastructure commerciale qui implicitement comprennent transport et système de communication ainsi que, électricité, eau, réseau d'assainissement, etc., sont des services publics et par conséquent, les pouvoirs publics ont un rôle de premier plan pour assurer des investissements adéquats.

La disponibilité et l'utilisation de l'information sont des paramètres clefs de l'aptitude d'une entreprise à créer et à absorber des idées nouvelles. Les systèmes de communications électroniques sont au centre de ce processus de transfert de l'information, et c'est pourquoi l'investissement dans l'infrastructure des technologies de l'information et de la communication est une façon de stimuler l'accroissement de l'innovation et de la productivité économique nationale. Un pays sous developpé est toujours à la traîne par rapport aux autres régions en ce qui concerne le coût des transactions, ce qui réduit les taux de croissance potentiellement réalisables.

L'infrastructure peu fiable est l'une des principales raisons de ces coûts élevés. Il en résulte des coûts indirects beaucoup plus élevés, ce qui réduit la productivité nette par rapport aux concurrents du reste du monde. L'infrastructure des technologies de l'information et de la communication est le fondement de services et d'applications tels que le commerce électronique, l'administration en ligne, etc. À titre d'exemple, avec l'évolution des technologies spatiales et numériques de ces deux dernières décennies, le temps et le coût nécessaires pour obtenir des informations et des cartes spatiales à des fins de développement et de gestion ont été considérablement réduits. Il s'agit donc de promouvoir un accès accru aux ressources en matière d'information à caractère spatial et une utilisation accrue dans la prise de décisions et d'utiliser les TICs appropriées de nature à mener au développement durable dans les secteurs respectifs. Par ailleurs, cette infrastructure est indispensable si les pays veulent réaliser l'intégration régionale et permettre la participation de tous à l'économie du savoir. La croissance économique pour les PVD dépendra de l'accès élargi aux services fondés sur les technologies de l'information et de la communication qui, à leur tour, ouvrent l'accès aux marchés locaux, nationaux, régionaux et mondiaux. Il est donc de la plus haute importance d'étendre les ossatures nationales et régionales ainsi que les connexions transfrontières et de donner la priorité à l'accès en zone rurale, parallèlement au déploiement d'applications qui utilisent de façon efficace la connectivité à des fins de productivité.

3-4-   L'innovation dans un contexte large
Relancer la croissance grâce à la productivité est un des principaux défis économiques que doivent relever de nombreux pays en développement. Une innovation axée sur l'excellence jouera un rôle clef dans l'augmentation de la productivité. L'environnement propice à l'innovation devrait stimuler la création et l'absorption de connaissances par les entreprises, de façon à accroître la compétitivité, à exploiter les synergies entre les entreprises et d'autres centres de connaissances et fournir des incitations et un appui aux apports à l'innovation. Ceci est particulièrement vrai

pour un cadre juridique fiable, une information fiable, un système financier moderne, une main-d'œuvre bien instruite, l'équilibre entre l'offre et la demande de ressources humaines hautement qualifiées en science et technologie et un régime fiscal favorable.

Pour améliorer l'innovation, les pouvoirs publics devraient répondre aux besoins de tous les acteurs de manière plus exhaustive et efficace et se pencher sur les aspects suivants :

a) Poursuivre les efforts visant à accroître la concurrence et à réduire la segmentation des marchés, en modifiant la législation applicable au marché intérieur et en supprimant les barrières techniques aux importations et en négociant les mêmes dispositions en ce qui concerne l'accès aux marchés extérieurs ;

b) Supprimer les barrières administratives, réglementaires et financières à l'entreprenariat en simplifiant les procédures administratives, en améliorant le régime fiscal et le cadre institutionnel et réglementaire applicable au capital-risque (le coût élevé du financement sur fonds propres entrave la création et la croissance de petites entreprises novatrices) ;

c) Améliorer l'offre de ressources humaines en science et technologie, en poursuivant des réformes dans les systèmes universitaires notamment en offrant des incitations de nature à intéresser davantage les femmes à la science et à l'ingénierie ;

d) Placer au premier rang des priorités le financement public de la science, la technologie et l'innovation afin de produire des travaux de recherche et des innovations de niveau international ;

e) Promouvoir des échanges entre le secteur public et les universités portant sur les profils de carrière et la mobilité dans le cadre des travaux de recherches effectuées en coopération ; et

f) Prendre des mesures pour que les politiques en matière de science, de technologie et d'innovation soit plus adaptées aux besoins du secteur des services, notamment du secteur financier.

3-5- Le besoin en matière d'innovation technologique permanent pour renforcer l'économie : cas des PED en général

Les doivent renforcer ses bases et capacités en science et technologie afin de: -Combler le fossé numérique et renforcer l'utilisation de la science et de la technologie comme facteur de réduction de la pauvreté, de croissance et de développement socioéconomique;

-Multiplier le nombre de scientifiques, de techniciens et d'ingénieurs ;

-Améliorer l'infrastructure et les centres de recherche-développement ;

-Améliorer les compétences de base dans les secteurs formel et informel,

-Utiliser des approches novatrices pour améliorer la qualité de l'enseignement primaire et secondaire.

CONCLUSION

Les progrès technologiques enregistrés dans les pays en développement depuis les années 90 reposent presque entièrement sur l'utilisation accrue de technologies préexistantes plutôt que sur des inventions révolutionnaires. A travers la mise en évidence des liens entre innovation et croissance économique, le présent mémoire est arrivé au constat que l'innovation technologique est un moteur important pour l'économie des pays en développement. L'innovation présente une importance cruciale pour la croissance économique à long terme. Faire en sorte que la croissance soit tirée par l'innovation exige d'agir dans un large éventail de domaines d'action : éducation, science et technologie, marchés de produits et du travail et échanges.

Le renforcement des capacités technologiques dans les pays en développement est essentiel pour l'élaboration de solutions à long terme, car le marché mondial n'a jamais suffi, ne suffira jamais et ne peut pas suffire à fournir les technologies du développement. Bien qu'on ait assisté au cours des vingt dernières années à une hausse importante des compétences de certains pays défavorisés, d'autres n'ont toujours pas les capacités de recherche et de développement adéquates. Cette lacune les rend incapables d'adapter à leurs besoins les technologies disponibles à l'échelle mondiale, et a fortiori de définir leurs propres programmes de recherche en vue de nouvelles innovations. La faute en incombe en partie à des politiques nationales inadaptées, mais la fuite des cerveaux, le manque d'institutions internationales aptes à aider ces pays dans leurs efforts et l'application inéquitable des règles du commerce mondial créent des obstacles supplémentaires.

Enfin, une innovation agricole pour les PED est une condition efficace pour la croissance et le développement économique. Mais pour que les technologies puissent avoir une influence significative sur les objectifs des millénaires dans les pays en développement, il faut que soient surmontés plusieurs obstacles.

BIBLIOGRAPHIES

– BRET Bernard, *Le Tiers Monde Croissance, développement, inégalités,* HISTEGE, 2ème ed., Ellipses,1995.

– GUELLEC Dominique, *Economie de l'innovation,* Repères, La Découverte, Paris. 1995, 128p.

– GUELLEC Dominique, RALLE Pierre et GLENAT Pierre (1993) : « *Innovation de produit et compétitivité hors prix. Une application au secteur de l'automobile* », dans Guellec D. (coordinateur), *Innovation et compétitivité,* Collection INSEE-Méthodes n° 37/38, novembre.

– INSTAT, enquête sur les TIC en 2007 consulté le 05 Août 2010

– MAGNIER Antoine et TOUJAS-BERNATE Joël (1993) : « *Innovation technologique et performances à l'exportation : une comparaison des cinq grands pays industrialisés* », dans Guellec (coordinateur), Innovation et compétitivité, Collection INSEE-Méthodes n° 37/38, novembre.

– Manuel de l'OCDE (1996), Technologie et productivité. Les défis pour la politique économique.

- MICHEL Beaud, *L'art de la Thèse*, La Découverte, Paris, [1985, 1994, 2001, 2003], 2006, 21p.
- PAUL Krugman, MAURICE Obsfeld, *Economie Internationale*, De Boeck, 3ème éd, 2001 [2003], 872p.